¡Conocimiento a tope!
Tiempo tecnológico
Robots trabajando

Cynthia O'Brien
Traducción de
Pablo de la Vega

CRABTREE
PUBLISHING COMPANY
WWW.CRABTREEBOOKS.COM

Objetivos específicos de aprendizaje:

Los lectores:

- Definirán qué es un robot y darán distintos ejemplos de robots y los trabajos que realizan.
- Explicarán por qué la gente depende de los robots.
- Identificarán que la idea principal es que los robots son máquinas que desempeñan trabajos por sí mismas, y repetirán ejemplos.

Palabras de uso frecuente (primer grado)	Vocabulario académico
el, en, es, este, estos, hace(n)(r), la, puede(n), también, un, una	astronauta, información, máquina, peligroso, robot

Estímulos antes, durante y después de la lectura:

Activa los conocimientos previos y haz predicciones: Haz una tabla SQA para que los niños compartan lo que ya saben, lo que quieren saber y lo que aprendieron sobre el tema. Llena las secciones S y Q antes de leer. Mira el título y la imágenes de la tapa y la portada. Pregunta a los niños:

- ¿Qué es un robot?
- ¿Cómo se ven los robots?
- ¿Qué tipo de trabajos hacen los robots?
- ¿Usamos o necesitamos a los robots en nuestra vida diaria? ¿Cómo?
- ¿Qué te gustaría saber acerca de los robots y los trabajos que hacen?

Durante la lectura:

Después de leer las páginas 6 a 9, pide a los niños que repitan los ejemplos de robots que hay en casa y la comunidad. Repasa la definición de robot de la página 4: una máquina que puede hacer trabajos por sí misma. Pregunta a los niños:

- ¿De qué manera los ejemplos de robots confirman la descripción? ¿Qué trabajo hace cada uno de los robots por sí mismo?

Después de la lectura:

Llena la sección A de la tabla SQA. Luego, organiza una caminata por el aula o sus alrededores. Pide a los niños que hagan una lista de los robots que ven en la comunidad. Habla con ellos del por qué piensan que cada una de sus sugerencias es un robot.

Author: Cynthia O'Brien
Series development: Reagan Miller
Editor: Janine Deschenes
Proofreader: Melissa Boyce
STEAM notes for educators: Janine Deschenes
Guided reading leveling: Publishing Solutions Group
Cover and interior design: Samara Parent

Translation to Spanish: Pablo de la Vega
Edition in Spanish: Base Tres
Photo research: Samara Parent
Photographs: NASA: p. 17 (both); Shutterstock: VTT Studio: title page; Borka Kiss: p. 5 (t); Ceri Breeze: p. 8; All other photographs by Shutterstock
Print coordinator: Katherine Berti

Library and Archives Canada Cataloguing in Publication

Title: Robots trabajando / Cynthia O'Brien ;
    traducción de Pablo de la Vega.
Other titles: Robots at work. Spanish
Names: O'Brien, Cynthia (Cynthia J.), author. |
    Vega, Pablo de la, translator.
Description: Series statement: ¡Conocimiento a tope! Tiempo tecnológico
    | Translation of: Robots at work. | Includes index. | Text in Spanish.
Identifiers: Canadiana (print) 20200300865 |
    Canadiana (ebook) 20200300873 |
    ISBN 9780778784241 (hardcover) |
    ISBN 9780778784364 (softcover) |
    ISBN 9781427126610 (HTML)
Subjects: LCSH: Robots—Juvenile literature. | LCSH: Robots,
    Industrial—Juvenile literature.
Classification: LCC TJ211.2 .O2718 2021 | DDC j629.8/92—dc23

Library of Congress Cataloging-in-Publication Data

Names: O'Brien, Cynthia (Cynthia J.) author. |
    Vega, Pablo de la, translator.
Title: Robots trabajando / Cynthia O'Brien ;
    traducción de Pablo de la Vega.
Other titles: Robots at work. Spanish
Description: New York : Crabtree Publishing Company, [2021] |
    Series: ¡Conocimiento a tope! Tiempo tecnológico | Includes index.
Identifiers: LCCN 2020034130 (print) |
    LCCN 2020034131 (ebook) |
    ISBN 9780778784241 (hardcover) |
    ISBN 9780778784364 (paperback) |
    ISBN 9781427126610 (ebook)
Subjects: LCSH: Robots--Juvenile literature. | Robots, Industrial--
    Juvenile literature.
Classification: LCC TJ211.2 .O2718 2021 (print) | LCC TJ211.2 (ebook) |
    DDC 629.8/92--dc23

Printed in the U.S.A./102020/CG20200914

Índice

Crabtree Publishing Company

www.crabtreebooks.com   1-800-387-7650

Copyright © **2021 CRABTREE PUBLISHING COMPANY.** All rights reserved. No part of this publication may be reproduced, stored in a retrieval system or be transmitted in any form or by any means, electronic, mechanical, photocopying, recording, or otherwise, without the prior written permission of Crabtree Publishing Company. In Canada: We acknowledge the financial support of the Government of Canada through the Canada Book Fund for our publishing activities.

Published in Canada
Crabtree Publishing
616 Welland Ave.
St. Catharines, Ontario
L2M 5V6

Published in the United States
Crabtree Publishing
347 Fifth Ave
Suite 1402-145
New York, NY 10016

Published in the United Kingdom
Crabtree Publishing
Maritime House
Basin Road North, Hove
BN41 1WR

Published in Australia
Crabtree Publishing
Unit 3 – 5 Currumbin Court
Capalaba
QLD 4157

¿Qué es un robot?

Un robot es una **máquina** que puede hacer trabajos por sí misma. Los robots hacen que el trabajo sea más fácil, seguro y divertido.

robot

¡Este robot hace ricas galletas!

robot

Este robot puede hablar y dar **información** a través de una pantalla.

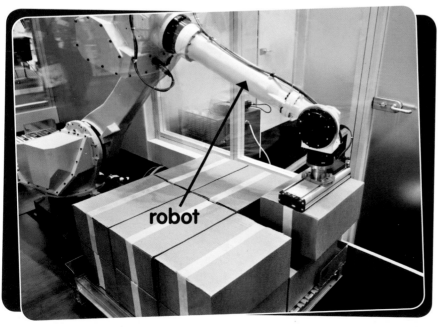

robot

Este también es un robot. Empaca cajas.

En casa

Los robots nos ayudan todos los días. Realizan trabajos dentro y fuera de nuestras casas.

robot

Este robot entiende las voces que le dicen qué hacer. Puede encontrar información en Internet, tocar música y encender las luces.

Este robot puede
limpiar la piscina.

Cortar el césped es fácil gracias a este robot.

En la comunidad

Los robots están a nuestro alrededor. ¿Puedes encontrar robots en tu comunidad?

¡Este tren es un robot! Se mueve por los **rieles** sin un conductor.

Un cajero automático cuenta el dinero que necesitas.

Los cepillos y mangueras de un lava autos pueden limpiar tu automóvil por sí solos.

Una y otra vez

Un robot puede hacer el mismo trabajo una y otra vez. ¡Nunca se cansa!

Este robot levanta y mueve paquetes para que puedan ser enviados. Repite los mismos movimientos todo el día.

Este robot llena botellas vacías con agua. Cada vez, llena las botellas con la misma cantidad de agua.

Robots constructores

La gente usa robots para construir cosas. Los robots pueden construir edificios más rápido y de manera más segura.

cemento

Los robots constructores son muy fuertes. Este robot rompe el grueso cemento.

viga de acero

Este robot usa calor y energía para unir vigas de acero. Estas son barras largas y fuertes que se usan para construir edificios. Este trabajo puede provocar heridas en las personas, pero los robots lo hacen de manera segura.

Haciendo cosas

Algunas máquinas tienen muchas partes.
Los robots ayudan a unirlas.

La gente le da **instrucciones** a este robot a través de un computador.
Las instrucciones le dicen al robot cómo unir las partes.

Todos estos automóviles necesitan las mismas partes. Los robots unen las partes. Hacen el mismo trabajo una y otra vez. Unen las partes de la misma manera cada vez.

Trabajos peligrosos

Los robots pueden realizar trabajos que son muy peligrosos para la gente. Algo peligroso puede hacer daño.

Trabajar en aguas profundas puede ser peligroso para los humanos. ¡Por eso este robot hace el trabajo! Toma fotografías de lo que encuentra.

¡Trabajar en el espacio es peligroso! Los **astronautas** tienen robots que los ayudan.

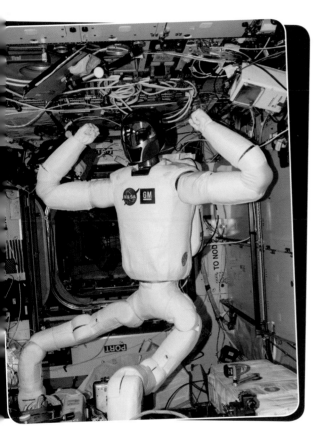

robot

Este robot astronauta realiza trabajos que son difíciles o peligrosos para la gente. Por ejemplo, usa herramientas **delicadas**.

Este robot puede realizar reparaciones en el espacio que son peligrosas o difíciles.

Manteniéndonos seguros

Los robots nos ayudan a mantenernos seguros. Nos **protegen** del peligro. También pueden ayudar a la gente a hacer trabajos peligrosos de maneras más seguras.

Algunos bomberos tienen robots que los ayudan a luchar contra el fuego. Este robot toma un video de un incendio. El video permite a los bomberos ver exactamente dónde está el incendio.

Algunos automóviles tienen partes que son robots. Estas partes hacen trabajos de seguridad como asegurarse de que un auto no golpee los objetos que lo rodean. ¡Trabajan por sí mismos para mantener segura a la gente!

Robots del futuro

La gente **inventa** robots todo el tiempo.
¿Te gustaría hacer un robot?
¿Qué trabajos haría tu robot?

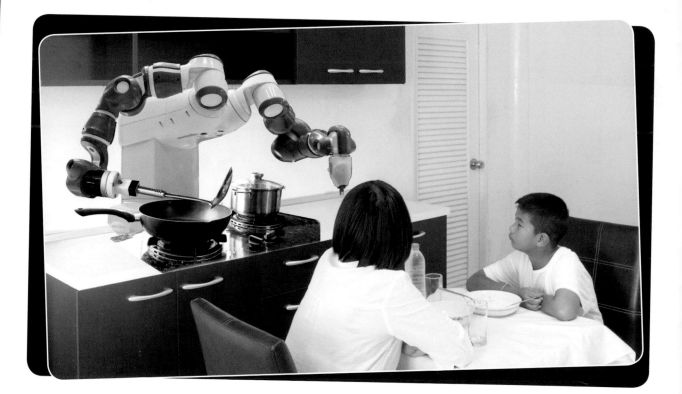

¡Quizá habrá robots en tu cocina algún día!
¿Te gustaría que un robot te preparara la cena?

Un robot de entregas podría llevarte tus compras a casa. ¡Algunas personas ya están trabajando en la construcción de estos robots!

Un robot podría ir a la tienda en tu lugar.

Palabras nuevas

astronautas: sustantivo. Personas cuyo trabajo es viajar en el espacio exterior.

delicadas: adjetivo. Que se rompen fácil; que necesitan ser tratadas con cuidado.

información: sustantivo. Conocimiento que es transmitido.

instrucciones: sustantivo. Una serie de pasos que nos dicen cómo hacer algo.

inventa: verbo. Que crea algo nuevo.

máquina: sustantivo. Una herramienta con una o más partes que realiza trabajos.

protegen: verbo. Que evitan que seamos heridos.

rieles: sustantivo. La estructura sobre la que se mueve un tren.

Un sustantivo es una persona, lugar o cosa.

Un verbo es una palabra que describe una acción que hace alguien o algo.

Un adjetivo es una palabra que te dice cómo es alguien o algo.

Índice analítico

Sobre la autora

Cynthia O'Brien ha escrito muchos libros para jóvenes lectores. Es divertido ayudar en la creación de una tecnología como el libro. Los libros pueden estar llenos de historias. También te enseñan acerca del mundo que te rodea, incluyendo otras tecnologías, como los robots.

Para explorar y aprender más, ingresa el código de abajo en el sitio de Crabtree Plus.

www.crabtreeplus.com/fullsteamahead

(página en inglés)

Tu código es: **fsa20**

Notas de STEAM para educadores

¡Conocimiento a tope! es una serie de alfabetización que ayuda a los lectores a desarrollar su vocabulario, fluidez y comprensión al tiempo que aprenden ideas importantes sobre las materias de STEAM. *Robots trabajando* ayuda a los lectores a identificar la idea principal del libro y a dar ejemplos que sostienen la idea principal. La actividad STEAM de abajo ayuda a los lectores a expandir las ideas del libro para el desarrollo de habilidades tecnológicas y de ingeniería.

Mi robot

Los niños lograrán:
- Entender que un robot es una máquina que puede hacer trabajos por sí sola y clasificar los tipos de robots con base en su capacidad para hacer la vida más fácil, segura o divertida.
- Crear un plan de creación de un robot que haga la vida más fácil, segura o divertida.

Materiales
- Hoja de trabajo de clasificación de robots.
- Imágenes o videos de distintos robots trabajando.
- Hoja de trabajo de planeación de un robot.

Guía de estímulos
Después de leer *Robots trabajando*, pregunta a los niños:
- ¿Qué es un robot?
- ¿Cuáles son algunos de los tipos de trabajos que hacen los robots?
- ¿Por qué los humanos usan robots para algunos trabajos?
- ¿Pueden pensar en robots que haya en la comunidad?

Actividades de estímulo
Di a los niños que explorarán diferentes tipos de robots, ¡y harán un plan para crear uno propio! Primero entrega a cada niño una hoja de trabajo de clasificación de robots. Luego, muéstrales imágenes o videos de robots trabajando. También, lee y muestra los tipos de robots.

Puedes usar ejemplos del libro y de otras fuentes. Cada que muestres una imagen, los niños deberán anotar en una tabla qué tipo de robot es. Clasificarán a los robots según hagan la vida más fácil, segura o divertida. Cuando hayan terminado, habla con ellos acerca de la manera en que clasificaron a los robots.
- ¿Algún robot está en más de una columna?
- ¿Fue difícil clasificar a los robots?

Di a los niños que harán su propio plan de un robot que haga la vida más fácil, segura o divertida. Usarán la hoja de trabajo de planeación de un robot para dibujar y explicar su robot. Muestra las hojas terminadas.

Extensiones
Conecta con el pensamiento computacional al pedir a los niños que «programen» a sus robots para hacer su trabajo. Pídeles que escriban las instrucciones que debe seguir el robot. Trabaja con ellos en pares para leer las instrucciones y verificar si llevarán correctamente al robot a hacer su trabajo. Haz mejoras y presenta las instrucciones.

Para ver y descargar las hojas de trabajo, visita **www.crabtreebooks.com/resources/printables** o **www.crabtreeplus.com/fullsteamahead** (páginas en inglés) e ingresa el código **fsa20**.